Es war einmal ein kleines Haus in einem großen Wald,
und in dem Haus lebten viele Tiere.

Es waren Muschi Katze, Wuff Hund, Nini Kaninchen, Küken Hühnchen, Flink Eichhorn, Piepmatz und die Schildkröte.

Jedes der Tiere hatte sein eigenes Bett, und die Hausarbeit erledigten sie gemeinsam.

Sie kamen gut miteinander aus, selbst um die Spielsachen stritten sie sich nicht! Nur mit dem Essen waren sie heikel: Wenn Muschi Küchendienst hatte, gab es Leber und dazu Milch oder Katzenminztee. Wuff war mit der Leber zufrieden, die anderen mochten das alles nicht.

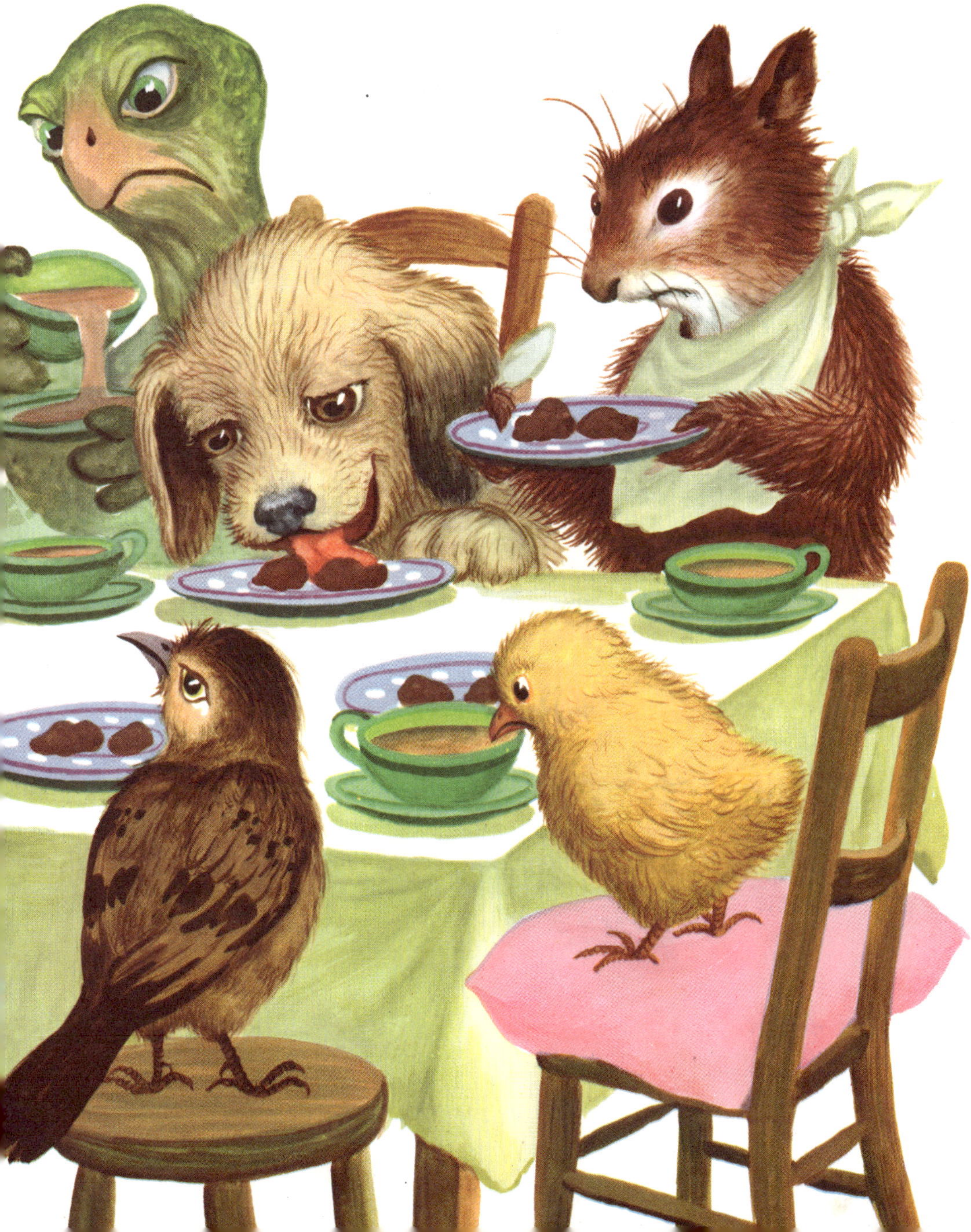

Aber sie mochten das, was Wuff ihnen vorsetzte, auch nicht, und die Würmer, die Piepmatz ihnen anbot, wollten sie auch nicht fressen und Flink Eichhorns Nüsse ebenfalls nicht.

Nini brachte kunstvoll aufgebaute Salatteller auf den Tisch, aber nur Piepmatz aß davon. Und wenn Piepmatz Saatkörner und Würmchen servierte, wurde außer ihm nur Küken satt.

Küken Hühnchens Spinnen und Käfer fraß nur die Schildkröte, und auch sie hätte lieber Ameiseneier gehabt.

Flink Eichhorn besorgte zum Essen nur Nüsse, aber er war der einzige, der sie öffnen konnte, und alle anderen standen hungrig vom Tisch auf.

Endlich war allen klar: es mußte etwas geschehen. Sie versammelten sich abends am Kaminfeuer und berieten.

„So geht es nicht", sagte Wuff. „Ich brauche ein Zuhause, in dem es Fleisch und Knochen gibt!"
„Und ich möchte Milch und Leber statt Körner und Käfer!" rief Muschi.
„Ich Nüsse!" sagte Flink.
„Ameiseneier", gähnte die Schildkröte.
„Frischen Salat", flüsterte Nini.
„Ich möchte ein paar Halme mit Körnern und dazu fette Würmer", träumte Piepmatz.
„Wir suchen uns ein neues Zuhause", schlug Wuff vor, und alle stimmten ihm zu.
Am nächsten Morgen brachen sie auf. Flink Eichhorn winkte ihnen nach, denn er wollte in dem kleinen Häuschen bleiben.

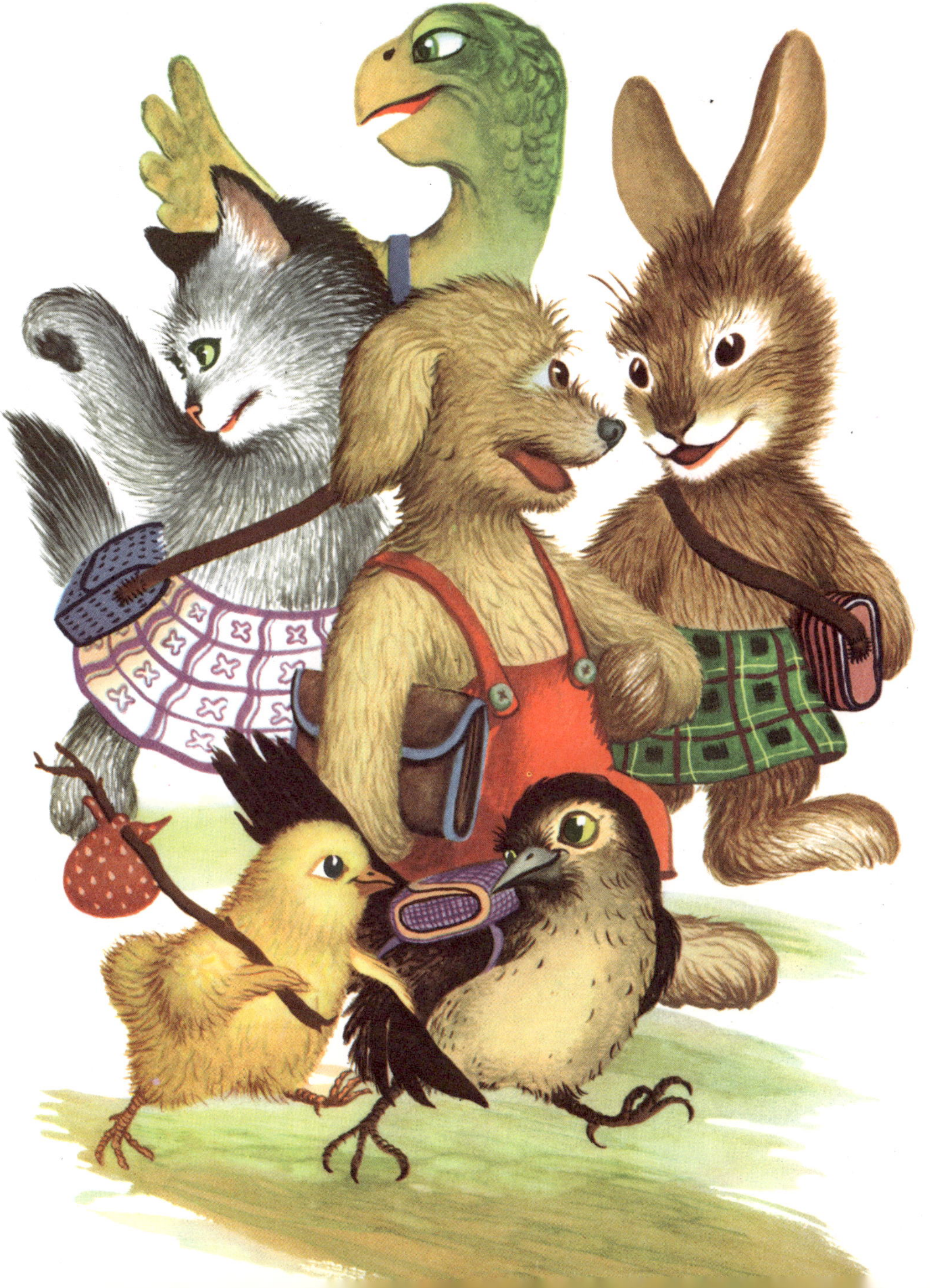

Flink Eichhorn machte sich sogleich daran, Vorräte zu sammeln. Bald lagen Nüsse in allen Schränken, auf allen Betten und sogar auf dem Boden.

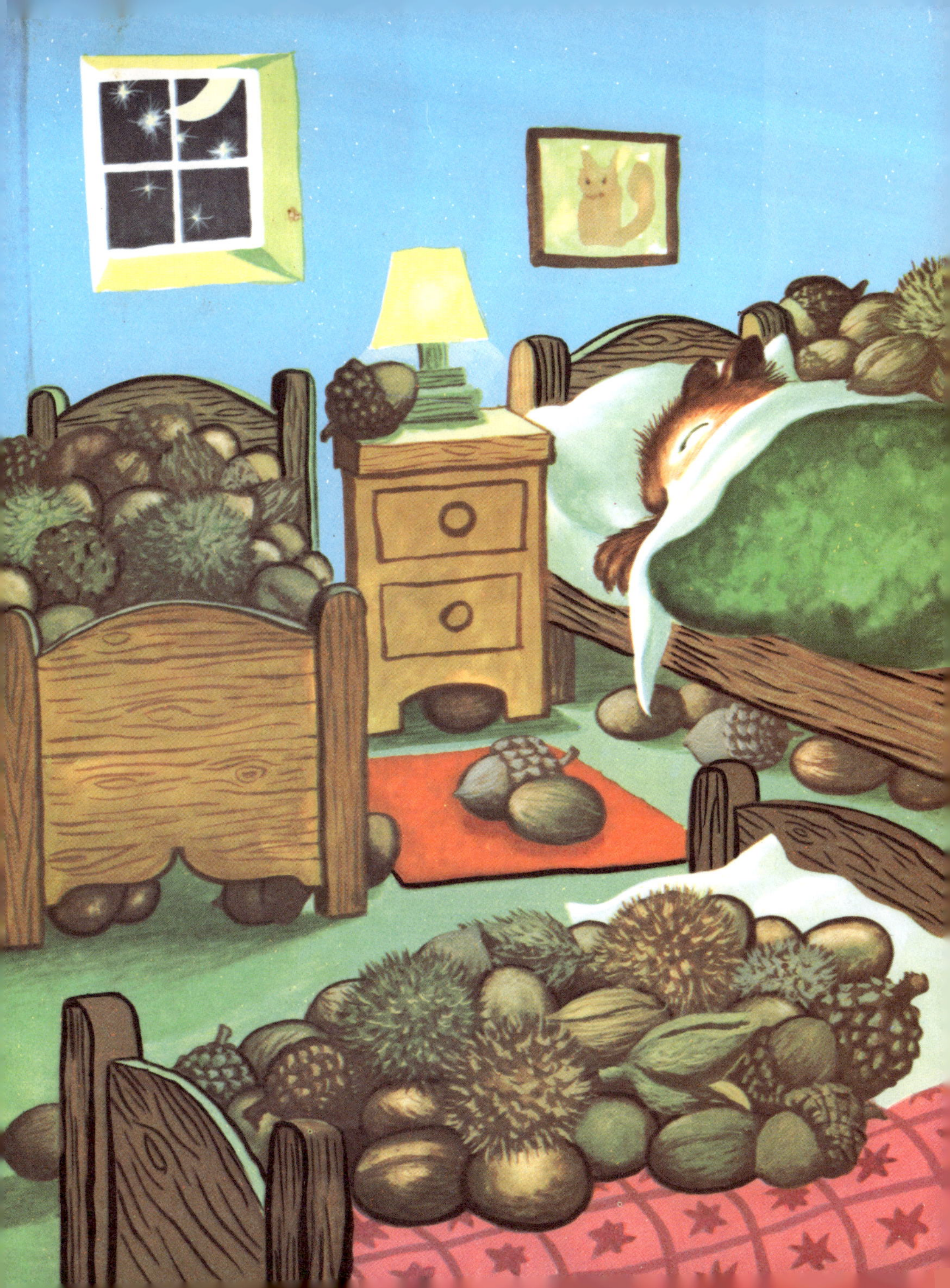

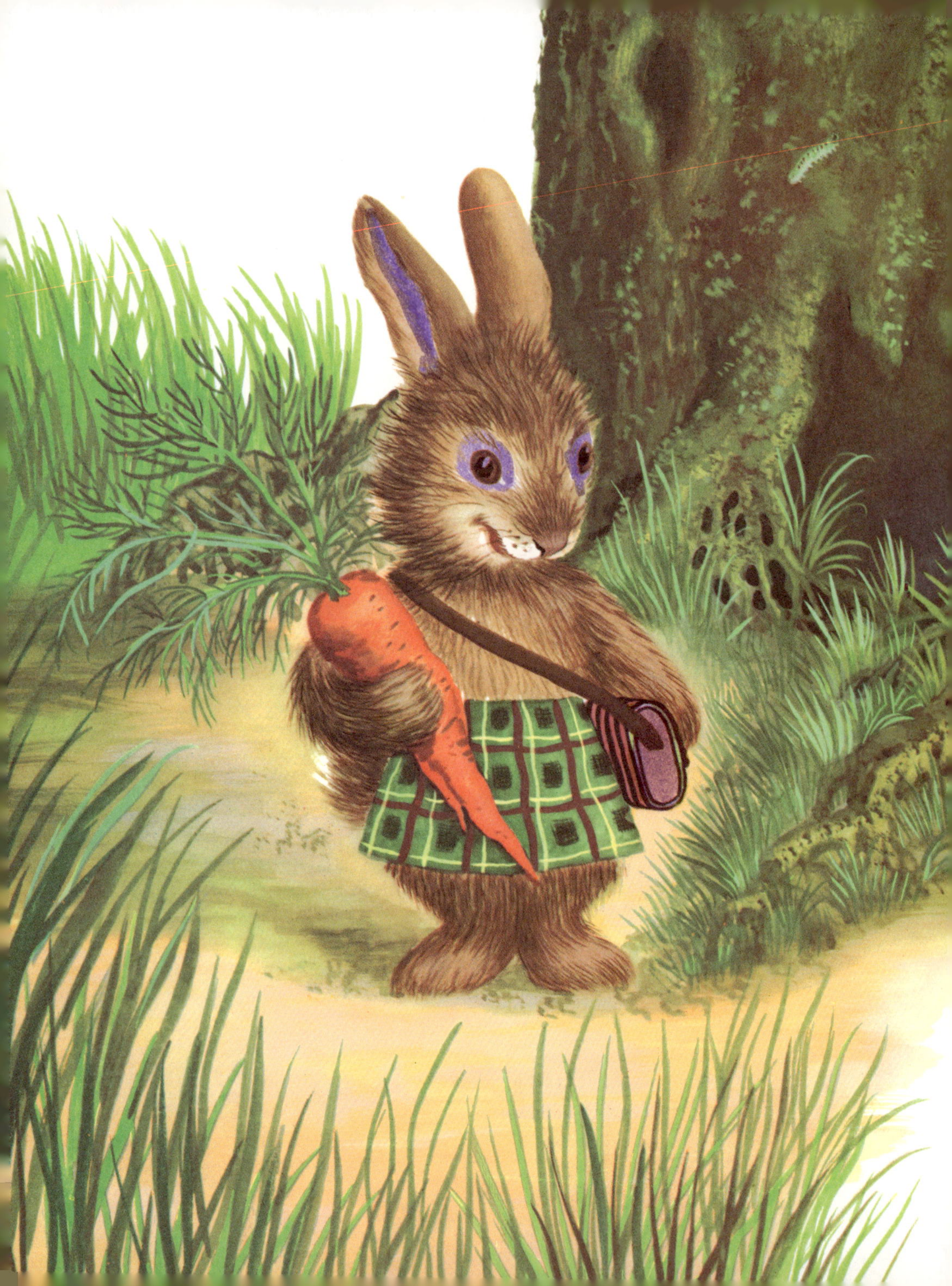

Die anderen wanderten zusammen, bis sie an ein Kohlfeld kamen. Nini Kaninchens Augen glänzten. „Hier bleibe ich", sagte es und richtete sich gleich eine Höhle unter einem Baum ein.

Küken Hühnchen fand einen ganzen Hühnerhof voller Körner und Käfer.
„Hier bleibe ich", sagte es und quetschte sich unter dem Zaun durch.

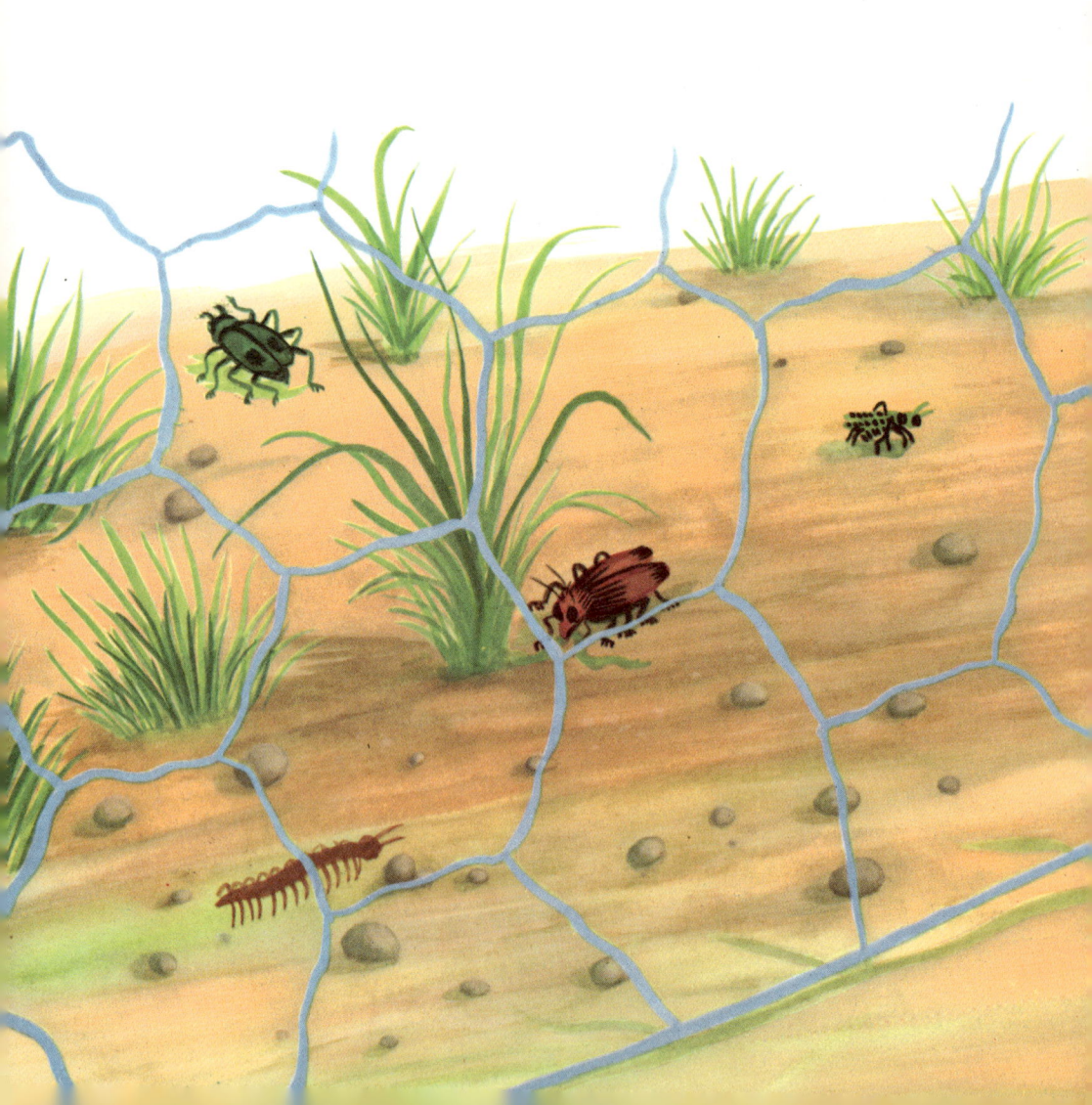

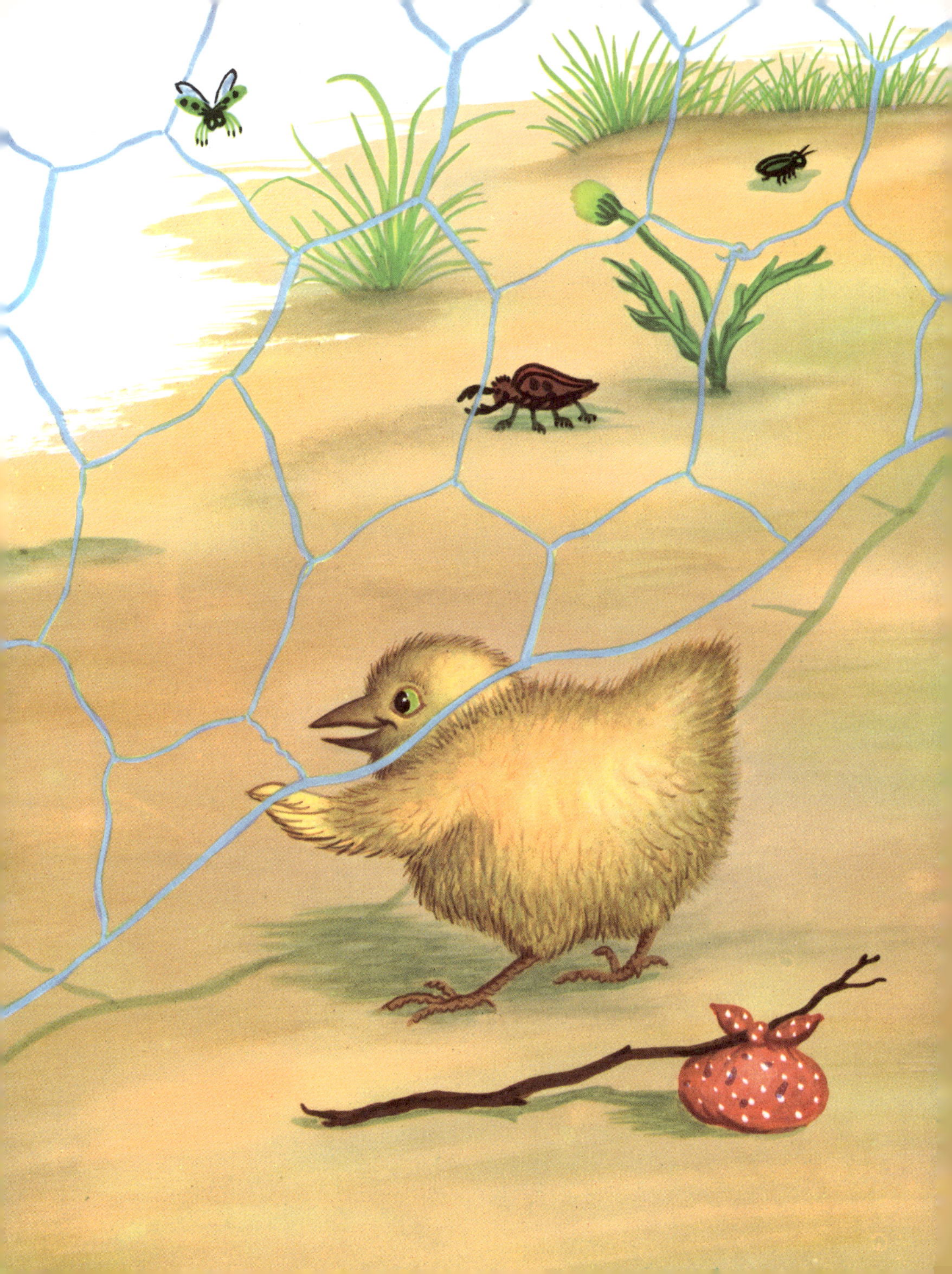

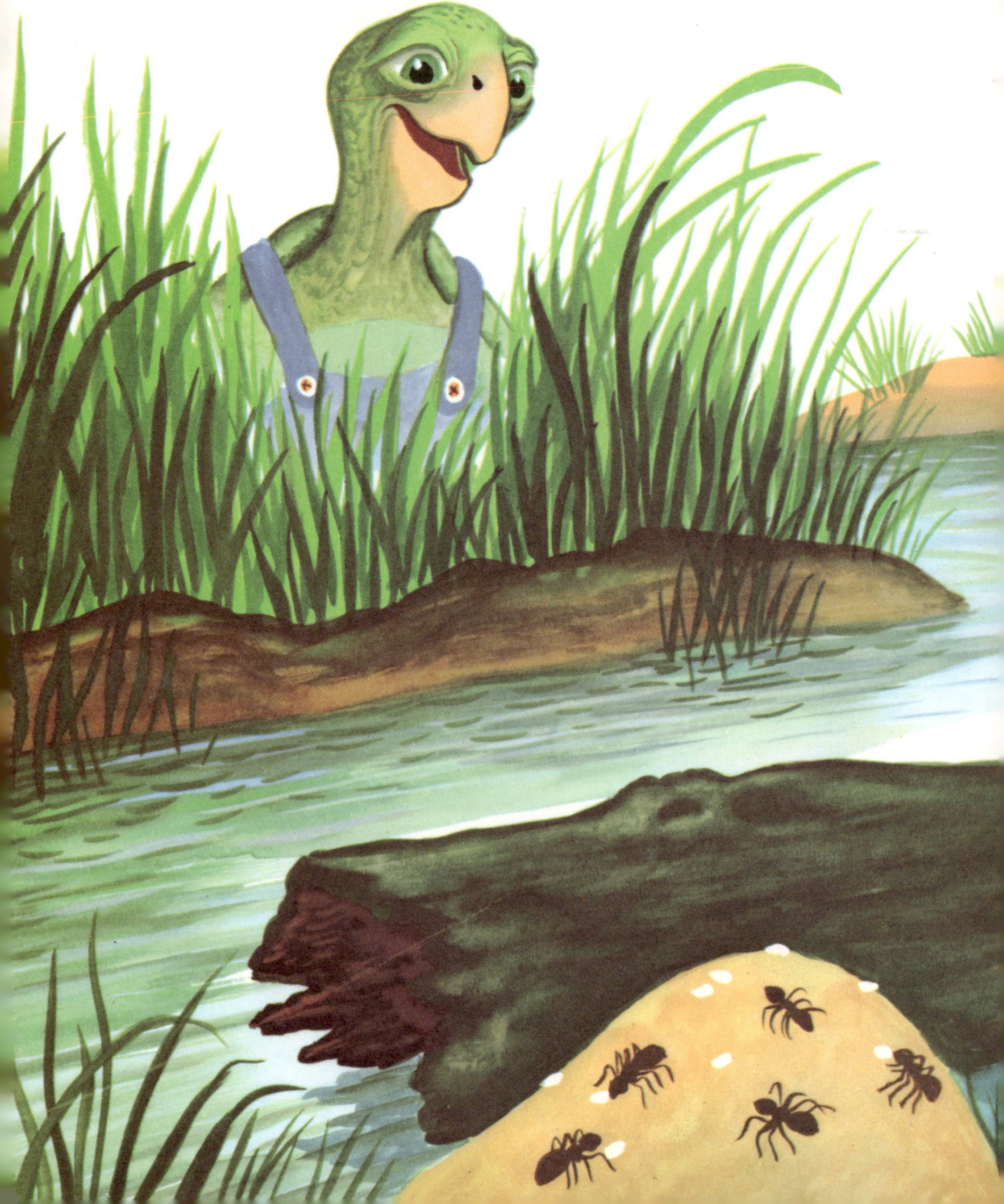

Die Schildkröte blieb am Teich. Es gab da ein stilles Plätzchen mit Sonne und Schatten, und daneben war ein Ameisenhaufen.

Piepmatz baute sich ein Nest auf einem Ast, der über den Teich ragte.

Er zwitscherte zufrieden. Von hier aus konnte er Körner und Würmer und die ganze Welt sehen.

Muschi und Wuff fanden ein Haus, in dem zwei Kinder wohnten.

Das kleine Mädchen brachte Muschi eine Schale Milch und ein Wollknäuel zum Spielen.

Da schnurrte Muschi.

Der Junge holte Fleisch und Knochen für Wuff und besorgte ihm einen eigenen Hundekorb. Wuff wedelte dankbar mit dem Schwanz.